ZOO ANIMAL FRIENDS
MES AMIS LES ANIMAUX DU ZOO

PENGUINS
LES PINGOUINS

AMY CULLIFORD
Traduction par Annie Evearts

A Crabtree Roots Book
Un livre de la collection
Les racines de Crabtree

Crabtree Publishing
crabtreebooks.com

School-to-Home Support for Caregivers and Teachers

This book helps children grow by letting them practice reading. Here are a few guiding questions to help the reader with building his or her comprehension skills. Possible answers appear here in red.

Before Reading:

- What do I think this book is about?
  - *I think this book is about penguins.*
  - *I think this book is about what penguins do in zoos.*
- What do I want to learn about this topic?
  - *I want to learn about what penguins look like.*
  - *I want to learn about what penguins like to do.*

During Reading:

- I wonder why...
  - *I wonder why penguins have wings.*
  - *I wonder why penguins like the cold.*

What have I learned so far?

- *I have learned that some penguins can jump.*
- *I have learned that most penguins are black and white.*

After Reading:

- What details did I learn about this topic?
  - *I have learned that some penguins like to swim.*
  - *I have learned that penguins lay eggs.*
- Read the book again and look for the vocabulary words.
  - *I see the word* ***penguin*** *on page 3 and the word* ***snow*** *on page 6. The other vocabulary word is found on page 14.*

Soutien de l'école à la maison pour les parents, les gardiens et les enseignants

Ce livre aide les enfants à se développer grâce à la pratique de la lecture. Voici quelques exemples de questions pour aider le lecteur ou la lectrice à développer ses capacités de compréhension. Les suggestions de réponses sont indiquées en rouge.

Avant la lecture

- De quoi ce livre parle-t-il?
  - *Je pense que ce livre parle des pingouins.*
  - *Je pense que ce livre parle des pingouins dans les zoos.*
- Qu'est-ce que je veux apprendre sur ce sujet?
  - *Je veux apprendre à quoi ressemblent les pingouins.*
  - *Je veux apprendre ce que les pingouins aiment faire.*

Pendant la lecture

- Je me demande pourquoi...
  - *Je me demande pourquoi les pingouins ont des ailes.*
  - *Je me demande pourquoi les pingouins aiment le froid.*
- Qu'est-ce que j'ai appris jusqu'à présent?
  - *J'ai appris que certains pingouins peuvent sauter.*
  - *J'ai appris que la plupart des pingouins sont noir et blanc.*

Après la lecture

- Nomme quelques détails que tu as retenus.
  - *J'ai appris que certains pingouins aiment nager.*
  - *J'ai appris que les pingouins pondent des oeufs.*
- Lis le livre à nouveau et cherche les mots de vocabulaire.
  - *Je vois le mot* ***pingouin*** *à la page 3 et le mot* ***neige*** *à la page 6. L'autre mot de vocabulaire se trouve à la page 14.*

This is a **penguin**.

Voici un **pingouin**.

Most penguins are black and white.

La plupart des pingouins sont noir et blanc.

Most penguins like **snow**.

La plupart des pingouins aiment la **neige**.

Some penguins
can jump.

Certains pingouins peuvent sauter.

Some penguins lay **eggs**.

Certains pingouins pondent des **oeufs**.

All penguins like water.

Tous les pingouins aiment l’eau.

Word List

Sight Words

a	is
all	like
and	most
are	some
black	this
can	white

Liste de mots

Mots courants

aiment	peuvent
blanc	plupart
certains	sont
et	tous
la	un
noir	voici

Words to Know
La boîte à mots

eggs

oeufs

penguin

pingouin

snow

neige

26 Words

This is a **penguin**.
Most penguins are black and white.
Most penguins like **snow**.
Some penguins can jump.
Some penguins lay **eggs**.
All penguins like water.

32 mots

Voici un **pingouin**.
La plupart des pingouins sont noir
et blanc.
La plupart des pingouins aiment
la **neige**.
Certains pingouins peuvent sauter.
Certains pingouins pondent des **oeufs**.
Tous les pingouins aiment l'eau.

ZOO ANIMAL FRIENDS
MES AMIS LES ANIMAUX DU ZOO

PENGUINS
LES PINGOUINS

Written by/Autrice: Amy Culliford
Designed by/Conception: Rhea Wallace
Series Development/Développement des séries: James Earley
Proofreader/Correctrice: Janine Deschene
Educational Consultant/Conseillère pédagogique: Marie Lemke M.Ed.

Photographs/Photographies:
Shutterstock: slowmotiongli: cover; Gary Cox: p. 1; Gary Cox: p. 3, 14; M Kunz: p. 5; JKornwika Supisa: p. 7, 14; nwdph: p. 8-9; Roger Clark: p. 11, 14; David Herraez Calzada: p. 13

Crabtree Publishing

crabtreebooks.com 800-387-7650

 In Canada: We acknowledge the financial support of the Government of Canada through the Canada Book Fund for our publishing activities.

 Au Canada : Nous reconnaissons l'appui financier du gouvernement du Canada par l'entremise du Fonds du livre du Canada pour nos activités de publication.

Published in Canada
Publié au Canada
Crabtree Publishing
616 Welland Ave.
St. Catharines, Ontario
L2M 5V6

Paperback	978-1-0398-5098-9
Ebook (pdf)	978-1-0398-5140-5
Epub	978-1-0398-5182-5

Printed in Canada/122023/CP20231116

Library and Archives Canada Cataloguing in Publication
Available at the Library and Archives Canada

Library of Congress Cataloging-in-Publication Data
Available at the Library of Congress